AF562993

L49/b

PROJET DE DISTRIBUTION DU MILLIARD

PROMIS AUX DÉFENSEURS DE LA PATRIE.

Par un Général de Brigade.

Ce milliard serait pris sur la lézion des payemens des ventes des biens nationaux, antérieures à celles du quart en numéraire.

Les acquéreurs auraient trois ou quatre ans pour payer, à termes, la somme qu'ils se trouveraient devoir et dont l'intérêt néanmoins courrerait à quatre et demi pour cent par an, sans retenue.

Ils feraient des effets pour chaque terme, et ce sont ces effets qu'on distribuerait aux militaires, dans chaque département.

D'après le total connu des militaires à récompenser, on statuerait ce qu'on doit donner à chacun, suivant le tems qu'il aurait servi depuis la révolution, suivant ses blessures ou ses membres perdus, etc. Le service antérieur au 14 juillet 1789, qui doit compter pour les pensions de retraite, ne compterait pas pour les récompenses de la guerre de la liberté.

Les militaires qui ont des propriétés considérables, affranchies des dixmes et des droits féodaux ne devraient pas participer à ces récompenses particulières, parce qu'ils sont dédommagés par l'augmentation de leurs revenus.

Les réquisitionnaires riches, ceux qui ont fait *leurs campagnes* dans les bureaux des administrations militaires ; ceux qui sont rentrés depuis trois ans pour porter le trouble dans l'intérieur, doivent être exclus de ces sortes de récompenses.

Il serait politique d'accorder une nouvelle amnistie aux militaires déserteurs, qui étaient partis au commencement de la révolution, de bonne volonté, et à ceux des réquisitionnaires qui ont resté au moins deux ans sous leurs drapeaux avant de déserter et sans interruption ; il faudrait même leur donner une part à la récompense nationale, pourvu qu'ils partent de bonne volonté dans un nouveau délai.

Je ne puis déterminer tous les articles de détail qu'il convient de donner à ce projet ; cette première donnée suffit pour prouver qu'il est possible, facile et de toute justice de tenir la promesse solemnellement faite aux militaires.

Ce milliard ne coûte rien à l'état ; on peut assurer même qu'il y aurait encore un demi milliard en sus pour les pauvres parents des défenseurs morts aux frontières.

Cependant il faudrait encore favoriser les acquéreurs de première origine, ne pas perdre de vue que leur confiance a sauvé l'état, qu'ils ne sont point la cause de la banqueroute du papier-monnaie, qu'ils se sont exposés à tous les dangers, qu'on les assassine, et que les biens par eux acquis doivent leur être adjugés à un tiers moins que la valeur des biens patrimoniaux. Il faut allier la reconnaissance avec la justice.

Les militaires ne recevraient que les intérêts de leurs créances, tant qu'ils seraient sous les drapeaux, et ils ne pourraient exiger les capitaux, les engager, les négotier et emprunter dessus validement, qu'après leur congé absolu : cette précaution est nécessaire pour leur intérêt.

Par ce moyen, le militaire aurait sa récompense assise sur une hipothèque solide, l'acquéreur des biens nationaux serait sûr de sa nouvelle propriété, puisque le militaire créancier serait aussi intéressé que lui à le maintenir dans ses droits. Ce projet présente mille avantages dans le détail desquels je ne puis entrer. Il me suffit d'avoir établi les bases, et prouvé *combien il est aisé de bien faire, si l'on veut.* C'est au corps législatif à faire le reste. Il est urgent qu'il s'occupe de cette matière de préférence au son des cloches, aux prêtres déportés, etc.

TREICH-DESFARGES,
Général de brigade réformé.

A Paris, de l'Imprimerie du RÉVÉLATEUR, rue de la Convention, n°. 20, près les Tuileries.

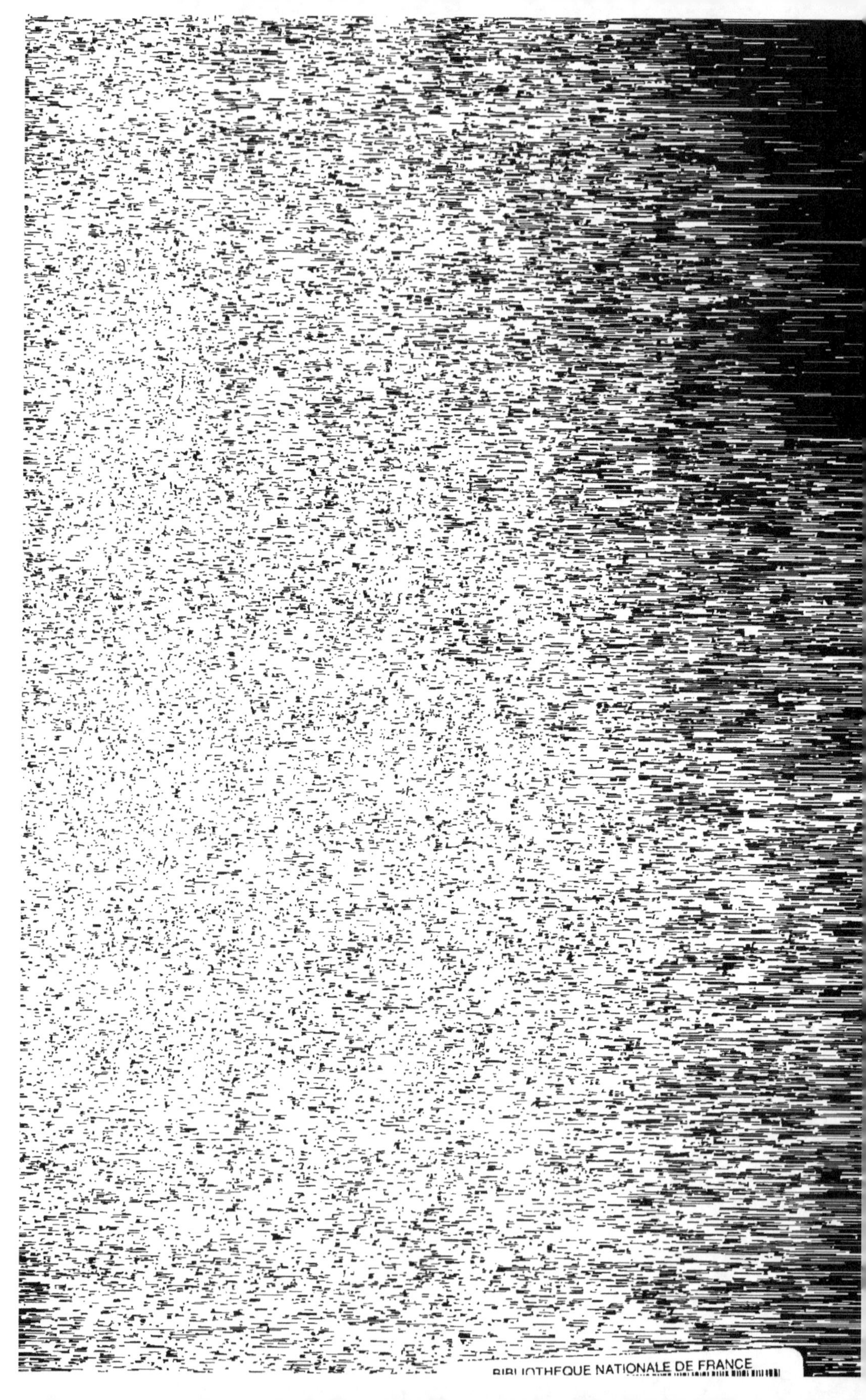

www.ingramcontent.com/pod-product-compliance
Lightning Source LLC
LaVergne TN
LVHW010341230826
846091LV00009B/3985

9782011904843